RÉFLEXIONS DU BON CITOYEN,

Sur l'origine, l'état présent & les suites des idées publiques à Saint-Domingue.

Par l'Auteur des *Vues Politiques*.

AU PORT-AU-PRINCE,

DE L'IMPRIMERIE DE MOZARD.

1790.

MES CHERS CONCITOYENS.

DANS *mes* Vues politiques sur Saint-Domingue, *j'ai combattu avec l'énergie du sentiment intime de la conviction, les* abus & l'excès *du pouvoir* arbitraire, *les* vices *de la Législation & des* imperfections *de la Justice.*

Ici je défends avec toute la puissance de la raison, la nécessité *d'une autorité publique &* légitime *qui soit respectée, parceque, seule, elle peut rendre heureux & assurer la félicité des hommes en société.*

Alors comme en ce moment les mêmes principes ont conduit ma plume, ont échauffé mon ame; c'est en s'écartant des deux extrêmes qu'on découvre la route pénible du bonheur.

Avec cette pureté d'intentions, je ne suis pas assuré d'échapper au reproche d'inconséquence, peut-être même, hélas! de perversité; mais pour ceux qui n'auront pas voulu m'entendre, ma justification est dans mon cœur.

Au milieu de l'incertitude & de la fluctuation des idées publiques, j'ai cherché la vérité avec toute l'impassibilité qui appartient à un bon Citoyen; cette modeste & timide vérité *qui se dérobe à la chaleur emportée des délibérations publiques, qui fuit ces lieux que la raison n'ose habiter, où elle est à peine écoutée, mais qui se montre* quelquefois *dans le réduit solitaire de l'homme vraiment ami des hommes, qu'elle console dans sa retraite, qui cède, quoique difficilement, encore aux desirs empressés de celui qui la cherche, avec qui elle se plait lorsqu'il lui a* juré *amour &* fidélité.

Heureux celui que sa présence inspire, qui vit avec elle dans un commerce doux & constant, qui ne la combat que pour apprendre l'art difficile de la bien peindre & de la faire aimer en la montrant.

Si je n'ai saisi que ses apparences trompeuses en la cherchant de bonne foi, en lui faisant l'hommage désintéressé de mes veilles, celui qui m'en présentera l'image fidelle*, aura des droits aussi étendus, aussi assurés à ma reconnoissance, que mon amour pour elle est pur & sincère.*

Je suis avec un profond respect,

MES CHERS CONCITOYENS,

Votre très-humble & très-obéissant Serviteur,

CHACHEREAU.

RÉFLEXIONS DU BON CITOYEN.

LORSQUE la France a réalisé l'espérance qu'elle nourrissoit depuis long-temps de s'assembler en Etats généraux, il s'est formé à Paris une société réunie sous le titre de *Comité*, composée de grands propriétaires de biens à Saint-Domingue, tous recommandables, les uns par leurs immenses richesses, les autres par leur état civil & leurs titres d'honneur, d'autres enfin par un mérite supérieur & très-distingué, & tous ensemble par une fermeté capable d'honorer & d'élever le sentiment qui les animoit.

Soit par amour du bien public, soit par un sentiment plus personnel, ce Comité a conçu le projet inattendu de présenter la colonie de Saint-Domingue aux Etats généraux, & de lui obtenir une place dans ses délibérations, en la revêtissant du titre nouveau mais honorable de *Province Françoise*.

Cette entreprise étoit vaste, elle présentoit de grandes difficultés, soit par rapport à l'éloignement du lieu où elle devoit être préparée, soit en raiſon des obſtacles attachés à la conſtitution même de la colonie, qui eſt ſans réſerve dans le département du Miniſtre de la Marine & pour ſon adminiſtration civile & militaire, & pour ſa légiſlation & pour ſa finance.

Pour mettre ce projet en activité dans la colonie, le Comité de Paris a envoyé ici dans les trois départemens du *Nord*, du *Sud* & de *l'Oueſt*, un plan de convocation *ſecret*, dans lequel on a eu l'attention d'écarter toutes les perſonnes attachées à l'Adminiſtration civile ou militaire & à la Juſtice, parcequ'on a craint de leurs rapports avec l'Adminiſtration publique, & de leur dépendance trop directe de l'autorité miniſtérielle des foibleſſes capables de nuire aux grands deſſeins qu'on avoit ſur la colonie.

Quelques habitans grands propriétaires, qui étoient en *relation*, ou ſimplement *connus* des membres qui compoſoient le Comité de *Paris*, ont été chargés de conſommer le plan de convocation; ils ont fait parvenir dans les différens quartiers, les modeles de pouvoirs qu'on avoit cru néceſſaires à *Paris*, ils ſe ſont procuré, par cette voie miſtérieuſe, quelques ſignatures, ils ſont enfin parvenus à faire nommer des Électeurs, qui ſe ſont choiſis des Députés pour être préſentés aux États généraux, & ont organiſé, comme ils l'ont pu, un Comité au *Cap*, un autre au *Port-au-Prince*, & un troiſième aux *Cayes*. Ces trois Comités devoient être dans une parfaite *unité*, ils devoient ſe concerter, & leurs fonctions ſembloient bornées à correſpondre entr'eux avec les Députés & avec le Comité en France, à qui ils devoient faire paſſer leurs inſtructions.

S'il étoit poſſible de ſéparer de ce Comité de *Paris*,

les travaux énormes auxquels il s'est livré; son courage héroïque & le désintéressement qu'on remarque dans ce qui a suivi sa constitution; si on pouvoit ne le considérer qu'à sa naissance, peut-être y trouveroit-on un desir particulier de se faire présenter aux États généraux, plus lié à l'amour-propre du Comité de *Paris*, qu'aux intérêts de la colonie, qu'on ne pouvoit guère raisonnablement voir représentée dans une telle convocation bien imparfaite; il semble même qu'à cette époque le Comité de *Paris* ne mettoit pas un grand prix aux ressources qu'il pouvoit trouver dans la colonie même, pour préparer ce qui pouvoit établir le bonheur qu'on lui promettoit; c'étoit le Comité *de Paris* qui se réservant, pour ainsi dire, de peser les intérêts de la colonie, ou pensant à peine qu'on pût ici être suffisamment éclairé sur cet objet important, qui sembloit cependant devoir être d'abord calculé sur les lieux; on est du moins autorisé à le penser quand on considère la tiédeur avec laquelle ces trois Comités ont travaillé alors à faire des *doléances*, il étoit pourtant urgent d'en pourvoir *les Députés de la colonie.*

Dans ces premiers instans, où l'esprit public n'étoit ni *éclairé* ni *corrompu* à Saint-Domingue, une grande question a partagé la colonie : étoit-il dans les intérêts de Saint-Domingue de s'approcher des États généraux, dans un temps où le désordre des finances de la France étoit public? Étoit-il plus sage de jouir en silence du spectacle nouveau que la France alloit donner à l'Europe? Il seroit inutile aujourd'hui de voir la chose publique sous ce premier rapport; l'examen de ce problême politique ne pourroit faire naître que des regrets tardifs & inutiles, ſans ajouter aux avantages que la colonie attend de ſa ſolution, que la ſuite ſeule peut éclairer. Mais ſi on n'en juge que par l'état préſent où cette première démarche l'a entraînée, la raiſon condamneroit peut-être un projet que la réflexion s'efforce de juſtifier & de défendre.

Quoiqu'il en ſoit, la colonie a vu alors ſans inquiétude & ſans danger ſe former trois Comités dans ſon ſein, la Juſtice & l'Adminiſtration, qui les ont connus, les ont *tolérés*, quoiqu'ils paruſſent contrarier une Loi récente, & par leur organiſation & par l'objet qui ſembloit les occuper, & cette première condeſcendance de l'Adminiſtration n'a pas été peut-être aſſez ſentie, puiſqu'on n'en a pas moins continué à voir en elle l'ennemi *ſuppoſé* du bonheur public.

Il étoit au-deſſus de la prudence humaine de calculer & de prévoir à quels écarts cette première démarche pourroit entraîner la colonie; elle n'a point eu à s'en plaindre, tant que les Comités ont été ſans activité publique, tant qu'ils ont ſenti le précieux avantage de ſe nourrir de leurs *propres* réflexions, ſans y mêler les clameurs d'une multitude plus avide de nouveauté qu'animée des principes qui avoient conſtitué les Comités, tant qu'une modeſte & prudente circonſpection les a enveloppés des ombres ſalutaires du *myſtère*.

Mais quand les Comités ont été informés que leurs Députés avoient été admis aux États généraux malgré l'illégalité de leurs pouvoirs, ils ont commencé à méconnoître les baſes chancelantes de leur conſtitution *précaire*? L'amour-propre & la vanité ont pris la place du patriotiſme qui avoit ſans doute préſidé aux aſſociations ; les Comités ſe ſont crus aſſez recommandables pour ſe faire reconnoître publiquement, & celui du Cap a mis au jour ſa laborieuſe production.

Il faut convenir que cet acte d'imprudence des *Comités* a été autoriſé par celui de *Paris*, qui étoit leur créateur indirect; quand on a entendu la lecture de la correſpondance qu'il a tenue avec Saint-Domingue, on ne peut ſe défendre d'y remarquer l'enſemble d'une préſomptueuſe aſſurance, capable de ſéduire la foibleſſe & l'amour-propre de ſes coopérateurs.

La licentieuſe *familiarité* de ce Comité de *Paris* avec le Miniſtre de la Marine, ſoigneuſement tranſmiſe à ceux de cette colonie, dans des procès verbaux rédigés loin du Miniſtre qui en eſt l'objet *ſatyrique*, adroitement ornée des ſéducteurs agrémens du jeu de l'eſprit, jointe dans cette correſpondance enchantereſſe, à la noble fermeté des démarches & à des ſuccès peut-être *exagérés*, tout cela paroît plutôt aux yeux de la raiſon un chef-d'œuvre de l'art, pour faire gliſſer dans l'eſprit des *Comités coloniaux* le poiſon actif de l'inſubordination miniſtérielle, que le langage de la vérité, toujours plus tranquille & plus ſage.

Toujours eſt-il vrai que c'eſt là la ſource d'orgueil & de vanité qui a tiré les Comités coloniaux de leur prudente retraite.

Mais ſi les démarches publiques du Comité de *Paris* lui ont fait honneur, il n'en a pas été de même de celles du Comité du *Cap*, qui a entraîné dans ſa chûte *précipitée* celle plus lente de ſes deux coopérateurs du *Port-au-Prince & des Cayes*.

A cette époque, la colonie avoit acquis un esprit public, qui avoit ramené la grande question de l'utilité ou du danger de son admission aux Etats généraux.

Il étoit difficile de calculer & de prévoir alors quel seroit l'effet de cette première démarche des Comités, lorsque la colonie partageoit avec la France entière, l'ivresse de se voir admise dans les délibérations d'ordre public, & qu'elle concevoit l'espérance de voir tomber les fers dans lesquels elle *se croit* enchaînée.

La publicité des succès de la Nation Françoise sur le despotisme ministériel, la cocarde Nationale saisie avec empressement, qui fait honneur au patriotisme des planteurs; tout cela a porté le délire dans l'esprit du Peuple François en Amérique: on s'est nourri ici comme en France des espérances que l'Assemblée Nationale réalisoit, au milieu des obstacles que sa fermeté & sa prudente prévoyance ont vaincus.

Mais, par une fatalité attachée à l'enthousiaste espoir d'un bonheur qu'on desire, ce premier élan de la colonie est devenu la source d'une calamité *réelle*; on a *oublié* la grande question qu'on avoit agitée, quand on n'avoit pas la faculté de la discuter avec *assurance*.

L'impression fâcheuse que la publication du *cahier du Cap* avoit produite, s'est fait sentir douloureusement à la colonie entière; la violation de la foi publique à laquelle cet *ancien Comité* s'étoit portée, ses entreprises sur la sureté personnelle & sur la tranquillité publique, achevèrent de présenter les *Comités* comme des tribunanx plus redoutables que l'abus le plus violent du despotisme qu'ils sembloient attaquer, & au ſcandale de la raiſon, des hommes qui avoient été établis pour faire le bien, ont (comme des ennemis du bien public) fomenté dans les eſprits l'effervеſcence & l'inſubordination, qu'on a vu enſuite faire des progrès ſi alarmans. On en a vu d'autres dégrader les fonctions honorables de leurs charges, jetter dans le Public des ſemences de diviſion, fécondées enſuite par des mains ennemies corruptrices autant que corrompues; le Comité lui-même s'eſt vu entraîné à des actes publics que ſa ſageſſe déſavouoit.

On a vu ſortir de l'antre de la diſcorde des hommes réduits à porter, *peut-être malgré eux*, (1) ſon flambeau par toute l'étendue de cette colonie; ſoufflant dans les cœurs les inquiétudes de la défiance & les poiſons de la vengeance, pour introduire des innovations fâcheuſes, illégales & capables peut-être d'ébranler la colonie entière, en ſubſtituant à une ancienne habitude & aux Loix fondamentales, appuyées des leçons de l'expérience, les décrets incertains d'une volonté arbitraire & ſouvent aveugle.

L'excès du mal a produit les apparences trompeuſes du bien; le département du *Nord* n'a pas voulu

---

(1) *On ne peut imputer cette excurſion ni au Comité qui ſemble l'avoir ordonnée, ni aux perſonnes mêmes qui l'ont faite. Elle a été impérieuſement commandée par les circonſtances du moment, dans un état d'agitation douloureuſe & pénible à ſupporter, comme un moyen pour calmer la multitude, & on a à ſe louer de la prudence de cette députation pendant ſon ſéjour ici.*

laiſſer plus long-temps ſes intérêts dans des mains qui avoient paru ſi peu dignes de ſa confiance, cet *ancien Comité* a été anéanti preſqu'auſſi-tôt que connu.

Cette deſtitution a été faite avec une précipitation & un éclat ſcandaleux, qui prouve aſſez que la paſſion s'eſt fait ſentir dans cette réforme plus que la réflexion. Les erreurs de l'eſprit ne méritoient pas la peine & l'oprobre dûs au crime & à la perverſité des intentions, qu'on n'a pas dû lui ſuppoſer.

Mais, hélas! tel eſt l'effet ordinaire de cette bruſque innovation, que la raiſon & la réflexion n'ont pas murie, qui eſt plutôt la volonté d'une multitude emportée, miſe en action, que l'ouvrage de ceux qui la tranſmettent. Et c'eſt là un des plus fâcheux, un des plus dangereux abus, d'aſſocier à des travanx publics, que le ſilence du cabinet doit préparer, & que les armes meſurées de la diſcuſſion doivent perfectionner, une tumultueuſe population, plutôt animée du deſir de l'innovation que convaincue de la néceſſité de l'introduire. Heureux encore lorſque, au milieu de ce deſordre, la raiſon ne trouve à combattre que l'erreur & l'emportement.

A la place de l'ancien *Comité du Cap*, on a vu s'élever une aſſociation nouvelle, conſtituée par une injurieuſe affectation, *Aſſemblée provinciale de la partie du Nord de la colonie Françoiſe de Saint-Domingue.*

Elle a eu pour objet ſans doute de travailler à reparer le mal que l'ancien Comité avoit fait, & de conſommer le bien qu'il avoit négligé.

On avoit lieu d'attendre de ſa prudence & de l'exemple qu'elle avoit ſous les yeux le rétabliſſement du bon ordre, le maintien de la foi publique, & de la ſureté perſonnelle.

Mais, hélas! la violence qui avoit présidé à sa naissance, les agitations convulsives qui l'avoient préparée, le poison de l'insubordination qui avoit glissé dans les esprits, ont accompagné sa marche rapide, & par un malheur attaché au génie des hommes *assemblés*, quand ce n'est pas un besoin *réel* qui les unit, les arrêtés de cette Assemblée qui sembloient promettre toutes les douceurs de la tranquillité publique, offrent le tableau affligeant des égaremens de la déplorable humanité, lorsqu'abandonnée à l'effervescence publique, elle ne connoît plus le frein salutaire des Loix qu'elle a méprisées & les liens politiques qu'elle a brisés, sans lesquels pourtant l'expérience & la raison prouvent assez que la société s'écroule tôt ou tard, sous des ruines souvent ensanglantées.

Les écarts publics dans lequels cette Assemblée s'est jettée progressivement, & peut-être par l'ascendant de la tumultueuse agitation qui l'entoure & qui lui rend presqu'étrangères ses propres délibérations, sont alarmans pour le département du Nord lui-même.

L'objet pour lesquel elle s'étoit mise en activité, *la rédaction d'un cahier des doléances* qui put faire oublier le premier, a été négligé; il n'en a point encore paru. Le temps précieux des délibérations publiques de cette Assemblée est presque entièrement consommé à l'examen d'objets étrangers & souvent contraires à sa constitution.

Elle est tellement *asservie* à la volonté incertaine de la multitude qui l'entoure, qu'à peine elle peut faire entendre la sagesse de la raison qu'elle porte encore dans son cœur. Plus occupée à modérer les motions séditieuses qu'on lui propose, si elle ne peut les écarter entièrement, qu'à en faire elle-même de conformes au bonheur public & aux circonstances dans lesquelles elle gémit de se voir engagée, elle présente l'image effrayante d'un vaisseau battu par la tempête, réduit à l'impuissance de se servir de ses manœuvres par l'impétuosité des flots qui l'agitent en tous sens, prêt à périr sur l'écueil que le Nautonier voit en frémissant, & dont ses efforts impuissans ne peuvent l'éloigner.

Il seroit à desirer d'avoir sous les yeux le détail exact des motions téméraires, calomnieuses, fanatiques & destructives de toute autorité politique & légitime qu'on propose, & des délibérations hasardées qu'on arrête dans cette Assemblée orageuse.

Là, une adroite & fougueuse éloquence peut préparer le poison subtil de l'insubordination, d'autant plus dangereux qu'il flatte d'abord par l'air de nouveauté qu'il présente, & qu'il agit sans se faire sentir douloureusement.

C'est de ce foyer pestilentiel que partent les étincelles de ce feu qui embrase les esprits de la multitude, dont les clameurs aveugles & irréfléchies étouffent la voix de la raison, & réduisent au silence le petit nombre de Sages qui tentent encore de se faire entendre, aux risques d'encourir la haine & peut-être *la vengeance* des méchans, s'il s'en trouve.

Oui, l'Assemblée du Cap a été entraînée loin de ses principes, par une aveugle puissance qu'elle n'a pas la force de combattre, on l'a vue, dès les premiers pas, mettre en délibération les points les plus fondamentaux de la constitution coloniale, ébranler la Justice, enchaîner le pouvoir exécutif & porter par ce renverſement d'idées, à l'inſubordination, à l'inſurrection peut-être, des eſprits déjà aigris par une privation qui afflige douloureuſement la ville du Cap, & qui eſt peut-être le premier agent des malheurs publics qui menacent ce département.

Les funeſtes effets de ces innovations deſtructives de tout ordre ſocial, réduiſent cette riche contrée à un état trop violent pour qu'il ſoit l'ouvrage *libre & réfléchi* d'une Aſſemblée établie pour maintenir la tranquillité générale, & pour la défendre contre les ennemis du bien public.

Ne l'a-t-on pas vue, pour aſſurer ſans doute ſon exiſtence, & la défendre des efforts que la raiſon pourroit lui porter, ſi elle s'écartoit de ſes principes, ordonner aux maréchauſſées, aux troupes & à tous les agens du pouvoir exécutif de diſſiper, comme *ſéditieuſes*, toutes autres aſſemblées (1).

S'il étoit ſorti de l'Adminiſtration publique & légitime une Loi auſſi alarmante, auſſi arbitraire, auſſi exempte de formes, quelle opinion en auroit-on conçue? n'auroit-on pas crié au deſpotiſme? Eſt-elle moins douloureuſe parcequ'elle eſt miſe en activité par des hommes qui n'ont aucun caractère légal? Eh! n'avons-nous pas des exemples qui atteſtent à jamais les dangers d'une ſemblable inſtitution, qui ne reconnoît ni forme ni délai, ni autorité ſupérieure, & qui *exécute* ſans réflexion les décrets précipités de la multitude?

Si la douloureuſe agitation des regrets, ſi les péni-

---

(1) *Arrêté de l'Aſſemblée provinciale du Nord du 3 Novembre 1789.*

bles inquiétudes du repentir ont diſſipé les alarmes que cette effervefcence du moment avoit déjà fait naître ; peut-on , ſans frémir , voir s'élever un ſemblable tribunal , qui admet à ſe *juſtifier* devant lui ceux qui ſont dans les *priſons*, ou qui ſeront prévenus par la voix *publique* ? (1)

Qu'elle eſt donc l'organiſation de ce tribunal , pire dans nos mœurs que l'inquiſition chez nos voiſins , qui peuvent encore ſe défendre , parcequ'elle reconnoît quelque forme ?

Celui que la calomnie , l'erreur ou la haine traduira devant ce tribunal effrayant par ſa compoſition , par ſa précipitation & par l'appareil de la force qui l'entoure , ne trouve auprès de ces nouveaux Juges aucune voix pour ſe défendre ; ſi la foible & timide innocence n'a pas le talent heureux de parler en public , ſi elle n'a pas l'art d'écarter les queſtions inſidieuſes que la haine, encouragée par la ſupériorité , lui prépare , elle ſera réduite à périr par le ſupplice du crime.

La vie , l'honneur des Citoyens eſt donc là expoſé à tous les dangers de l'autorité véritablement arbitraire de quelques particuliers , qui n'ont d'autre caractère que celui que la foibleſſe de la raiſon leur a laiſſé prendre ?

Ne l'a-t-on pas vu calculer (2) ſes moyens de

---

(1) *Arrêté de l'Aſſemblée provinciale du Nord* , *du* 3 *Novembre* 1789.

(2) *Par un Arrêté du* 18 *Novembre* 1789 , *elle a* ordonné *l'énumération des perſonnes* capables *de porter les armes* , *pour en* régler l'emploi.

force

force & de réſiſtance, comme ſi elle avoit à combattre ; & peut-on attribuer à la défenſe de la Juſtice & du bon ordre cette attitude hoſtile ? Puiſqu'elle ne doit être animée que du deſir de faire le bien, quels ennemis peut-elle avoir à craindre ?

Quelle eſt donc la puiſſance de cette aſſociation qui trouve en ſoi le moyen *d'armer tous* les Citoyens, puiſſance que l'autorité légiſlative & ſeule légitime de la Colonie n'auroit pas eue ? Depuis quand les paiſibles habitans de Saint-Domingue ont-ils prêté le ſerment militaire entre les mains d'une aſſociation qu'il a conſtituée, comme toutes les provinces Françoiſes, pour travailler à des *Doléances* ? quels ſont les ennemis de l'état, quels ſont les ennemis domeſtiques que nous avons à combattre ?

Nous n'avons point d'ennemis au-dehors, & ſi nous étions attaqués, nos efforts ſeroient bien impuiſſans pour les repouſſer, s'ils n'étoient ſoutenus de la force des armes Françoiſes, & ſur-tout de la vigueur de notre marine.

Nous n'avons point d'ennemis au-dedans ; ceux dont on a tant parlé n'exiſtent réellement que dans l'imagination malade ou exaltée de quelques perſonnes alarmées par des récits exagérés, ſouvent imaginaires, toujours infidèles.

Cette frayeur épidémique qui a ſaiſi la colonie, qui en a troublé le repos pendant un temps, & dont on commence à ſe rire, étoit *peut-être* le fruit des inſpirations ſecrettes de ces ennemis cachés du bien public, qui ſavent ſe gliſſer adroitement au milieu des gens de bien, & qui ont voulu juſtifier l'uſurpation de tout genre d'autorité, élever un prétexte à la violation de la foi publique, que des motifs d'ambition ou de haine ont pu enfanter; *peut-être* encore eſt-elle le fruit naturel du fanatiſme de l'humanité, qui attaquoit dans les délibérations de la France la propriété & la vie des planteurs de Saint-Domingue.

Mais étoit-ce avec des armes offenſives qu'il falloit combattre cet ennemi éloigné: n'étoit-ce pas plutôt avec celles du raiſonnement?

Si on veut faire un retour ſur le paſſé, on verra naître ces inquiétudes avec ces Aſſemblées mêmes qui ſembloient ſe former pour les prévenir; on verra des agitations paſſagères dans tous les quartiers où il s'eſt formé des Aſſemblées particulières, qui, à l'exemple des grandes, ſe ſont miſes à la place du pouvoir légiſlatif & de la puiſſance exécutive; on verra ceſſer ces troubles & le calme renaître lorſque ces Aſſemblées ſe ſont diſſoutes, & reparoître avec elles; en un mot, une obſervation ſage, réfléchie, & ſurtout bien impartiale, trouve dans tout ce qui s'eſt paſſé en cette colonie le mal dans le remède même qu'on a voulu lui appliquer, parceque ce mal imaginaire n'a fait que ſervir de prétexte à l'ambition, à la vanité & à toutes les paſſions qui ſe ſont miſes en activité.

Mais il eût été bien plus conforme au bonheur public & à la tranquillité de la colonie, qu'il n'eût pas été au pouvoir de cette Aſſemblée de rendre la préſence des armes néceſſaire.

En effet, cette habitude des armes dans un pays où l'exemple de l'inſubordination eſt une calamité *réelle*, dans un pays où il n'eſt pas ſans danger de faire connoître qu'il a été au pouvoir des hommes de ſecouer un joug importun, dans un pays enfin où tous les liens politiques doivent tendre à la ſubordination, cette habitude des armes eſt-elle ſans danger?

Par quelle fatalité Saint-Domingue, qui par ſa poſition, ſon organiſation, puiſqu'il n'y a ni nobles proprement dits, ni roturiers, & par ſon éloignement, pouvoit attendre en ſilence les douceurs d'une conſtitution nouvelle, ſans avoir éprouvé les malheurs publics qui l'ont fait naître, ſeroit-il expoſé à en recevoir une plus malheureuſe? Quoi! Lorſqu'il lui étoit ſi facile de cueillir la roſe ſans être bleſſé des épines, il ſeroit privé de la recevoir pour avoir tenté d'en approcher, par des efforts auſſi indiſcrets que mal combinés.

Après avoir ainſi empêché le pouvoir exécutif public de ſe déployer avec énergie & ſans retard, l'Aſſemblée a, par une autre délibération, rendu les chefs de l'Adminiſtration *reſponſables* des déſordres qui pourroient naître de ſa lenteur.

Mais pourquoi accuſer avec un éclat ſcandaleux l'Adminiſtration d'une négligence dont elle ne paroîtra pas coupable ſi on y reflèchit; les momens ſont très-difficiles pour elle; ſi elle veut ſe mettre en activité, elle trouve des obſtacles, & peut être facilement accuſée de *rigueur*; ſi elle reſte dans l'inaction à laquelle on l'a réduite, on la menace d'imputer à ſa négligence des déſordres qui ont une autre ſource.

On ne nous accuſera pas ſans doute d'une lâche adulation. La retraite, l'éloignement abſolu dans lequel nous vivons de tout ce qui a des rapports avec l'Adminiſtration, le déſintéreſſement parfait de notre vie privée, & plus que tout cela ſans doute, le développement, *hardi quand nous l'avons fait*, (1) des abus d'autorité du gouvernement, ne permettent pas qu'on nous faſſe l'injure de penſer que des motifs étrangers à *la vérité* nous aient déterminés à écrire. Il eſt véritablement affligeant d'être réduit à ſe juſtifier & à ſe prémunir contre l'opinion publique, quand on défend *la vérité*, & c'eſt peut-être là une preuve bien ſenſible de la ſituation malheureuſe dans laquelle la colonie eſt plongée, & de la dépravation des idées publiques.

Cette Aſſemblée a écrit aux Adminiſtrateurs qu'elle ne veut point d'aſſemblée coloniale *telle* que celle propoſée par le Miniſtre (2) de la Marine, parcequ'elle ne veut rien tenir de lui, mais ſeulement des décrets de *l'Aſſemblée nationale;* elle ajoute quelle tient *d'elle-même* le droit de s'aſſembler, ſur-tout lorſquil s'agit de pourvoir à la ſûreté individuelle par *l'exercice du pouvoir législatif*.

On pourroit faire remarquer que dans le projet de convocation générale de la colonie envoyé par le Miniſtre, il ne s'agit pas de *pourvoir à la ſûreté individuelle*, mais ſans doute d'entendre la colonie comme les autres provinces pour recueillir ſes *doléances*.

Mais ſi l'Aſſemblée provinciale du Nord peut exercer de ſa propre autorité l'exercice du pouvoir *législatif*, quel ſera celui de *l'Aſſemblée nationale* dont elle veut cependant reconnoître les décrets? Pour

---

(1) *Dans nos Vues politiques ſur Saint-Domingue.*

(2) *Il a bien fallu que ce plan de convocation vînt du Miniſtre, puiſque les colonies ſont encore dans ſon département.*

que les états généraux puiffent *décréter*, il faut leur foumettre les points d'Adminiftration que la colonie defire ; mais fi l'Affemblée du Cap confomme elle-même ce pouvoir *législatif*, elle méconnoît l'autorité nationale, avant même qu'elle ait parlé, avant qu'elle ait agi.

Les diverfes Provinces de France, l'Affemblée Nationale elle-même a-t-elle donné l'exemple de cette ufurpation prématurée ? n'a-t-elle pas au contraire décrété qu'il falloit vivre fous l'ancien régime jufqu'à ce que la conftitution ait fubi les changemens auxquels on travaille en France fi douloureufement.

S'il s'eft formé des confédérations en France, fi les Citoyens ont pris les armes dans des momens orageux, préparés par une intrépide caballe *inconftitutionnelle*, mais qui n'a point agi fans doute dans cette colonie, dont l'activité fecrette ne s'eft pas fait fentir ; étoit-ce pour ceffer de vivre fous l'ancienne conftitution en en attendant une nouvelle ? étoit-ce pour fubftituer à la perception des finances un mode & une deftination concertée dans une Affemblée provinciale, organifée comme celle du Nord ?

C'étoit fans doute, d'abord, pour s'oppofer aux derniers efforts du defpotifme expirant, & pour oppofer la force à la force ; c'a été enfuite pour écarter la multitude de malfaicteurs qui avoient pris prétexte du défordre politique & civil, pour affliger la France, & porter dans les campagnes la défolation, la deftruction & la mort.

La colonie peut-elle, fans s'expofer à perdre la tranquillité dont elle jouit encore, prendre exemple de ce qui s'eft paffé en France ? Ne fentirons-nous jamais le précieux avantage de la ſûreté publique, aſſurée par l'abſence des malfaiteurs ? La réflexion n'indique-t-elle pas aſſez quels malheurs peuvent être les ſuites de ces précautions indiſcrettes, inutiles pour l'objet qui ſemble les inſpirer, & plus propres à familiariſer avec les idées d'inſurrection, qu'à en prévenir les effets ? N'eſt-il pas de la plus ſaine politique du pays, d'ôter tout prétexte au raiſonnement & au calcul de la force oppoſée à la force ? Cette attitude défenſive qui annonce plutôt la foibleſſe & toutes les inquiétudes de la frayeur, qu'elle n'exprime le caractère d'une menace effrayante, raſſurera-t-elle ſur l'état préſent de la ſûreté publique ceux que la préſence des armes avertit ſeule du danger ? N'a-t-on rien à craindre des diſcours qu'elle fait tenir, plus dangereux parcequ'ils ſont entendus, que des écrits qui ne ſont pas lus.

Nous nous étions livrés à l'analyſe des démarches haſardées qu'on a vu faire juſqu'à ce moment à l'Aſſemblée du Cap, nous en avions développé les dangers; mais l'extenſion, conſidérée ſous les rapports de l'ordre judiciaire, que cette partie a reçue par l'organe du Miniſtère public, qui s'eſt ſaiſi de cette matière dans l'expoſé qu'il a fait au Conſeil, nous l'a fait ſupprimer.

N'en doutons pas, ce déſordre n'appartient pas à la ſageſſe de l'Aſſemblée, elle s'y eſt vue précipitée par une nombreuſe population incapable de raiſonner, plus intéreſſée à faire naître & entretenir les alarmes qu'à les prévenir.

Nous obſerverons ſeulement que quand on calcule combien les agitations qui l'affligent peuvent lui coûter de larmes, lorſqu'elles ne lui préſentent pas même l'apparence du bonheur, on feroit tenté de croire qu'au milieu de cette population extraordinaire il s'eſt gliſſé des agens ſecrets de la cabale anti-conſtitutionnelle, qui s'eſt oppoſée juſqu'à préſent aux ſuccès de la France aſſemblée, & que leurs efforts ou leurs inſpirations ſe ſont fait ſentir à Saint-Domingue, dans une proportion à peu près-égale à la population de chaque quartier.

La différence d'intention & l'eſprit public qu'on remarque dans les trois départemens de la colonie, pourroit peut-être conduire à cette opinion bien douloureuſe, mais il ſeroit dangereux de laiſſer ſubſiſter plus long-temps le voile myſtérieux qui couvre les démarches du Cap; hâtons-nous de déchirer le bandeau de l'erreur qui pourroit s'étendre juſqu'aux extrémités & au centre de la colonie.

Déjà on a remarqué le germe du malheur public ſemé dans les eſprits que la ſageſſe avoit diſtingués, il pourroit y être promptement fécondé ſi on ne s'efforçoit de l'étouffer à ſa naiſſance; n'a-t-on pas déjà cherché à enchaîner comme au Cap, l'action de la force publique, qui ſeule peut protéger la colonie? N'a-t-on pas voulu ébranler une *Corporation* établie pour le maintien du bon ordre, & qui a juré de le défendre? N'a-t-on pas parlé de changer le régime des Milices & d'armer les Citoyens?

Il ne s'agit pas, ſans doute, en ce moment de créer & de mettre en *activité* une conſtitution nouvelle, mais ſeulement d'en recueillir les matériaux épars, de la rédiger, d'en former un code fondamental qui ſera revêtu du conſentement d'une aſſemblée générale, pour, d'après les conſeils & le vœu de la Nation entière, recevoir ou *attendre* (1) la ſanction royale, & devenir par là une véritable loi perpétuelle & irrévocable, qui ne pourra ſubir aucun changement & aucune modification, que ſur la demande de l'Aſſemblée Nationale.

Si on ſent les inconvéniens & les vices de la conſtitution préſente, peut-on, pour cela, abandonner aux calculs incertains d'une théorie trompeuſe & ſans expérience, le bonheur d'une colonie entière, compromiſe par des abus qui font gémir le pays même qui les voit naître ?

Pour arriver au bonheur, tous les moyens ſont-ils indifférens ? Non, ſans doute. Rien de plus dangereux & ſouvent de plus funeſte que ces changemens bruſques, que rien n'a préparés. Ce qui n'a que l'apparence trompeuſe du bien, ce qui, ſous l'appât ſéducteur de rendre recommandable, renverſeroit l'édifice du bonheur public le mieux combiné, peut facilement abuſer la multitude échauffée par un fanatique patriotiſme.

Si la colonie entière ſuivoit la route que le Cap ſemble lui tracer, elle arriveroit peut-être ſans s'en être apperçue à une inſurrection (2) complète & *conſommée*, dont le repentir ſe feroit bientôt ſentir.

---

(1) *Cela eſt conforme aux arrêtés de l'Aſſemblée Nationale, qui a décrété qu'il falloit le* veto *du Roi pour donner le caractère de Loi à ſes délibérations, avec la modification qu'elle indique.*

(2) *Lorſqu'un peuple attaché par les liens politiques à un Gouvernement & à des Loix, méconnoît l'un &*

Mais cet état d'indépendance abſolue peut-il convenir au bonheur préſent & aux intérêts futurs de Saint-Domingue ?

D'abord, la colonie n'a, en ſoi, aucunes reſſources pour ſe ſuffire ; elle ne recueille ni bled ni vin, elle ne poſſède dans ſon ſein ni fabriques ni manufactures.

D'un autre côté, elle n'a & ne peut avoir aucune force au-dedans, aucune puiſſance au-dehors. Sa population inſuffiſante pour ſa culture, & qui ne peut en être détachée ſans danger, ne lui permet pas de lever & d'entretenir des troupes ; elle n'a ni bois de conſtruction, ni toiles, ni cordages pour ſe former une marine.

Pour avoir ſes premiers beſoins, tels que le pain & le vin, pour ſe donner les objets de néceſſité ſecondaires, tels que toiles, ſoieries, huiles, draps &c. &c. pour ſe conſerver la jouiſſance de ceux qui tiennent au luxe dont la privation lui ſeroit douloureuſe, pour ſe défendre & ſe garder, la colonie ne peut pas ſe paſſer d'une puiſſance d'outre-mer. Elle eſt incapable d'exiſter un inſtant ſans cette aſſiſtance immédiate du dehors.

Mais ſi, par une fatalité qu'on ne peut prévoir, elle étoit réduite à la néceſſité d'ouvrir ſes ports à toutes les nations étrangères, qui pourroit la défendre des outrages que cette diverſité d'intérêts pourroit lui attirer ? qui la préſerveroit des entrepriſes qu'on pourroit tenter ſur elle ? qui lui aſſurera que le

---

l'autre avant d'avoir reçu une nouvelle conſtitution, il eſt dans un état d'inſurrection, qui conduit néceſſairement à l'anarchie.

droit d'hoſpitalité ne ſera pas violé dans ſon ſein, par ce tumultueux concours d'étrangers? qui lui répondra qu'aucune de ces nations étrangères n'eſſaïera de faire la conquête d'une auſſi riche poſſeſſion?

Elle n'a véritablement aucun moyen de défenſe qui lui ſoit propre, elle ne peut donc pas être maintenue dans cet état d'indépendance & de neutralité par *ſa propre volonté*; ce ne peut être que par le concours de toutes les puiſſances de l'Europe; & quel motif pourra les réunir par un concert déſintéreſſé ſur une poſſeſſion auſſi importante? Une d'elles voudra ſûrement y faire un commerce excluſif, & la colonie ſera forcée de le ſouffrir, parceque ſon ſort ſera néceſſairement lié au ſuccès des armes qui l'auront conquiſe; n'auroit-elle point à craindre alors que cette puiſſance n'abuſât de ſa richeſſe apparente, pour s'indemniſer des frais que cette conquête lui auroit coûté.

Quelle eſt donc la puiſſance qui peut offrir à la colonie de plus grands avantages que ceux qu'elle a trouvés juſqu'à préſent dans ſes relations avec la France ſa mère-patrie, dans laquelle chacun de nous chérit encore un père, un frère & des amis que l'eſpoir de revoir un jour ſoutient ici, qui porte aux plus grandes entrepriſes & auquel l'accroiſſement incroyable des cultures de Saint-Domingue eſt peut-être dû tout entier?

N'eſt-ce pas de France que la colonie tire directement, & même avec une franchiſe de droits publics que la France ne partage point avec elle, tous les objets de ſa conſommation; ne les tient-elle pas de la première main & par conſéquent au meilleur marché *poſſible*? N'eſt-ce pas la France qui recueille les vins, qui fabrique les étoffes, les laines & tout ce que la prodigalité du luxe a inventé, à la jouissance desquels la colonie est accoutumée? Une puissance étrangère possède-t-elle au même degré les trésors de la terre & les chefs-d'œuvres de l'industrie Françoise.

Si la colonie veut se conserver ses jouissances, elle les paiera plus cher quand elle les tiendra de la seconde peut-être de la troisième main, dans laquelle tous ces objets ne passeront qu'après avoir subi en sortant de France une imposition qui pesera bien moins sur le commerce qui les lui apportera, que sur elle-même qui les consommera.

Ces réflexions sont plus sérieuses qu'on ne pense: peut-être la colonie de Saint-Domingue sera toujours par sa nature un *entrepôt de Commerce*, qui aura besoin d'une protection étrangère pour l'entretenir & le faire subsister. Peut-on raisonnablement espérer qu'une autre puissance que la France lui fera meilleur marché de ses objets de consommation, & mettra un plus haut prix à ses denrées territoriales?

N'a-t-on pas vu déjà des navires Anglois lui apporter des Nègres qu'il ont mis en vente, & qu'ils ont ramenés de suite, parcequ'on n'en offroit pas le prix que le commerçant Anglois avoit établi?

Mais a-t-on jamais vu un navire François priver la colonie des Nègres dont il l'avoit enrichie par sa présence? ne faut-il pas impérieusement que tout navire François qui aborde à Saint-Domingue y vende ce qu'il apporte, lors même que le cours lui offre des pertes, parcequ'il n'a pas comme l'étranger la ressource d'aller présenter ses marchandises à une autre colonie.

N'a-t-on pas vu des Américains refuser de se charger de denrées coloniales en retour de leurs farines, lorſqu'ils ont trouvé plus d'avantage à ſe ſaiſir de notre numéraire.

Chez toutes les nations les calculs d'intérêts feront toujours la baſe du Commerce, mais la colonie ne peut, ſans danger, s'expoſer à recevoir de l'étranger ce qu'il n'aura pu trouver à placer chez lui; elle aura toujours de l'avantage à commercer avec la France, qui par la nature des choſes, doit toujours y laiſſer ce que ſon commerce y apporte, lors même qu'il n'en peut remporter le prix.

Mais la réflexion & l'expérience ne prouvent-elles pas ce qui ſemble n'appartenir ici qu'au raiſonnement; n'eſt-ce pas avec le Commerce de France que Saint-Domingue eſt, naguère, ſorti du néant; n'eſt-ce pas avec ſes prodigieuſes avances qu'il a acquis le degré d'opulence qui commence à lui faire ſentir ſa propre influence & ſon bonheur, qu'il ſemble oublier? D'ailleurs ſi ſon intérêt bien calculé & bien éclairé ne lui faiſoit pas un devoir de conſerver ſes relations mercantiles avec les fonds inépuiſables du Commerce de France, n'en trouveroit-il pas l'inſpiration ſecrette & le conſeil dans le ſentiment de reconnoiſſance qui doit être dans ſon cœur?

Mais dans l'état préſent des choſes, la colonie pourroit-elle, ſans manquer à la foi publique, ouvrir ſes ports à des étrangers à qui elle ne *doit rien*, ſans acquitter *ſa dette* avec le Commerce de France; ne ſeroit-ce pas une infidélité publique, capable de porter la plus juſte méfiance dans les ſpéculations de Commerce que l'étranger pourroit être tenté de faire avec elle?

Quel ſecours attendre, quel crédit eſpérer d'un

Commerce nouveau à l'inſtant même où la colonie violeroit ce qu'il y a de plus ſacré dans le Commerce, *la ſûreté des engagemens.*

Et qu'on ne penſe pas qu'en vendant ſes denrées à l'étranger la colonie acquittera ſa dette avec la France, en lui appliquant le prix de ſes ventes.

Saint-Domingue n'eſt pas dans une ſituation égale aux relations générales & ordinaires du Commerce. Il ne vend pas pour de *l'argent.* Si chaque particulier qui vend ſa denrée en reçoit *quelquefois* le prix avec le numéraire qui eſt en circulation, la colonie entière ne fait qu'un Commerce *d'échange.* Le Commerçant françois n'apporte pas de l'argent pour acheter la denrée, & l'étranger ne lui en apportera pas davantage, parceque ce ſont des objets de conſommation qu'il lui faut, ſur leſquels le Commerçant fait un bénéfice, qu'il ne trouveroit pas en lui apportant du numéraire: la preuve la plus aſſurée de cette vérité tient à l'expérience. Si l'importation du numéraire offroit au Commerce des avantages ſupérieurs à celle des marchandiſes, il lui en apporteroit, il iroit plutôt le chercher à l'extrémité du monde, parceque *le gain* eſt le ſeul véhicule du Commerce; & il ſeroit vraiment ridicule de lui en ſuppoſer un autre. D'ailleurs la colonie a un beſoin indiſpenſable des objets de conſommation, puiſqu'elle ne trouve ſur elle-même aucune des choſes néceſſaires à ſa ſubſiſtance & à ſon luxe, elle a un beſoin plus impérieux encore des *Noirs* qu'on lui apporte, ſans leſquels ſes cultures, qui ſont ſa ſeule richeſſe, ne peuvent ſe ſoutenir, & dont le prix ſera toujours réglé ſur celui des denrées coloniales.

Ainſi donc s'il étoit poſſible de penſer que l'étranger, en faiſant le Commerce de la colonie, lui offriroit quelque crédit, la dette de la France ne pourroit être acquittée, & l'honneur de la colonie ſeroit engagé. Cette réflexion écartera à jamais toute idée d'indépendance ſi elle avoit pu être conçue au moment de recevoir la plus douce conſtitution de l'Europe, parceque l'honneur eſt un des premiers attributs du planteur de Saint-Domingue, on peut dire qu'il eſt élevé & nourri par l'exemple, dans les mêmes principes d'honneur qui règnent dans l'eſprit militaire, qui en fait le ſoutien & la gloire: l'honneur eſt indigène à Saint-Domingue, peut-être même s'y mêle-t-il quelques teintes d'orgueil, qui n'eſt que plus propre à le porter & l'entretenir dans le degré le plus éminent. Si le bonheur préſent, ſi l'intérêt futur, ſi l'honneur enfin fait un devoir aux colons de conſerver avec la France les relations qui ſont cheres à ſon cœur; à quoi bon ſe livrer à des agitations capables d'ébranler la confiance publique, capables de rendre la colonie ſuſpecte à la France aſſemblée, où elle a tant deſiré d'être admiſe. Pourquoi chercher à introduire dans ſon régime intérieur un changement ſubit, qui peut conduire à des démarches extérieures dont il eſt difficile de calculer les ſuites fâcheuſes, & dont le ſoupçon peut lui devenir très-funeſte?

Et dans quel temps voit-on naître dans cette colonie ces inquiétudes, ces projets haſardés? Lorſque la France travaille à lui donner une conſtitution calme & heureuſe, qu'aucune autre Puiſſance ne peut lui préſenter, & qu'elle eſt incapable de trouver elle-même dans ſon ſein, parcequ'elle n'a pas à un degré aſſez éminent les connoiſſances politiques qui peuvent lier ſolidement les grands intérêts publics; dans un temps où les États généraux ont écarté les demandes importunes de ces enthousiastes qui attaquoient le bonheur réel de la France dans sa source, en croyant défendre la cause de l'humanité, compromise par rapport à nous, par leurs efforts indiscrets & irréfléchis, lorsqu'enfin Saint-Domingue est admis & invité à préparer les plans de réforme qui peuvent conduire à sa plus grande prospérité & à son bonheur.

Si le Commerce de France est instruit qu'il peut craindre les entreprises de Saint-Domingue, ne sera-t-il pas contraint de faire languir ses opérations? Pourra-t-il avec assurance continuer des armemens qui entretiennent l'activité & la vie dans cette colonie, dont la plus légère interruption est effrayante & qui se fait sentir si vivement, qu'elle excite avec autant de précipitation que souvent d'injustice les plaintes & la méfiance?

Si la France elle-même est informée des écarts auxquels on peut être entraîné ici; si elle voit que la colonie s'écarte de toute idée publique, qu'elle abandonne dans toutes les parties le régime qui la lioit à la métropole, & auquel elle doit son existence; si elle apprend que la Justice est méprisée, que l'autorité publique est méconnue & sans activité, lors même qu'elle ne déploie que des vues bienfaisantes & qu'elle cherche à se rapprocher, autant qu'il est en son pouvoir, des idées publiques; quelle opinion les États généraux pourront-ils concevoir d'une colonie assez inconsidérée pour leur demander participation à leurs opérations, dans le temps même qu'elle travaille à s'en écarter, & à se donner elle-même un régime violent, aussi impolitique pour ses intérêts que pour sa propre conservation?

La libre introduction de tous les étrangers, que le crime aura poursuivis dans leur patrie, assurés de trouver un asile dans un pays ouvert à leur accès; ne surchargera-t-il point cette colonie d'une population embarrassante, parcequ'elle n'y pourra être utile, & alors la sûreté des chemins publics sera-t-elle encore bien assurée?

En un mot cette sûreté consiste-t-elle & peut-elle consister en ce pays dans les décrets d'une Assemblée, dans les mouvemens des villes, qui ne peuvent être imités dans les campagnes; n'est-elle pas plutôt assurée par une surveillance domestique, par une attention suivie, par une observation éclairée, mais secrette, sur l'état réel & sur les dispositions véritables de ces prétendus ennemis?

Eh quoi! lorsque la première démarche des provinces de la France a été de travailler à des *doléances*, pour faire changer leur sort, lorsqu'elles ont été portées à des actes de violence, par des mouvemens étrangers à leurs *doléances*, la colonie négligera de faire son cahier pour se livrer à des agitations qui n'ont aucun motif *réel*, & qui sont capables d'en faire naître!

Mais il est singulièrement remarquable, que plus on s'est écarté en cette colonie de son régime légitime, moins on a travaillé à la chose publique; c'est précisément où l'on a méconnu les règles de la Justice & la puissance de l'Administration, qu'on n'a rien fait de satisfaisant pour préparer les *doléances*; tant il est vrai que dans les choses publiques, où le besoin n'est pas bien senti, c'est souvent plutôt l'esprit des passions secrettes & personnelles qui agit, que le vrai patriotisme.

Occupons-nous

Occupons-nous donc enfin *exclusivement* de ces *doléances*, & défions-nous de nos propres efforts pour arriver au bonheur, si nous cherchons à le réaliser dans ces Assemblées *devenues tumultueuses* ; craignons les dangers de ces innovations que nous y aurons consommées nous-mêmes ; si la colonie est plus long-temps entretenue dans une fermentation dangereuse que les ennemis secrets du bien public s'efforcent de présenter comme une fermeté muable, elle est abandonnée au péril éminent d'embrasser sous le fantôme trompeur du bonheur, tout ce qu'une imagination exaltée peut enfanter, & toutes les calamités qui peuvent naître du choc des passions déguisées, couvertes du prétexte spécieux de la tranquillité publique, mises en mouvement par la haine ou l'ambition particulière, & entretenue par les conseils pernicieux de l'amour-propre.

FIN.

www.ingramcontent.com/pod-product-compliance
Lightning Source LLC
LaVergne TN
LVHW020252230826
846091LV00006B/2381

* 9 7 8 2 0 1 3 4 6 2 8 6 0 *